AF258172

NOTICE

SUR LA VIE ET LES DERNIÈRES HEURES

D'ALEXANDRINE BOISSON

NOTICE

SUR LA VIE ET LES DERNIÈRES HEURES

D'ALEXANDRINE BOISSON

Née à Saint-Mamert (Gard) le 5 décembre 1845

Décédée le 14 avril 1865

> Je suis le chemin, la vérité et la vie ; personne ne vient au Père que par moi. — JEAN XIV, 6.
>
> Christ est ma vie, et la mort m'est un gain. — PHILIP. I, 21.

PRIX ; 15 CENTIMES.

NIMES

IMPRIMERIE ROGER ET LAPORTE

Place Saint-Paul, 5.

—

1865

Pendant qu'ici-bas sur la terre les uns s'a-
gitent et se passionnent pour la politique ou
pour la religion, que les autres se livrent sans
frein aux plaisirs des sens et des passions hu-
maines, que la foule court dans ce *chemin
large et spacieux qui mène à la perdition*, dé-
laissant loin d'elle ce qui pourrait faire son
bonheur, Dieu, invariable dans ses plans et
dans ses desseins, exerce sa puissance sur la

terre et dans le ciel; il ne se laisse pas sans témoignage au milieu de ses enfants en leur faisant du bien; il montre sans cesse à ceux qui ont des yeux pour voir et des oreilles pour entendre que sa sainte parole est irrévocable, ses lois immuables et que malgré les siècles qui se sont amoncelés les uns sur les autres, cette parole n'a rien perdu de son efficacité sur les cœurs de ceux qui ont la sagesse de la recevoir et d'y croire. Que les incrédules s'unissent pour la tourner en dérision! Qué les savants de ce siècle exaltent leur sagesse! Que les docteurs attaquent l'autorité de la Bible! Que de concert ils méconnaissent la divinité du Christ! Qu'ils contestent ses miracles! Que le sacrifice *expiatoire de la croix* leur paraisse *une folie* ou *un scandale* (1 Corint. 1-23)! Qu'ils nient la résurrection du Sauveur! Jéhova ne perd rien de sa gloire, il n'en demeure pas moins le Tout-Puissant, le Roi des rois, le Seigneur des seigneurs, le Juge des vivants et des morts ! C'est toujours Lui qui fait naître et qui fait mourir, qui mène l'homme, tandis qu'il s'agite !

Pauvre créature humaine, combien ont été grands et funestes pour toi les ravages du péché ! C'est lui qui cause tous tes maux, qui obscurcit ton entendement, qui élève un mur de séparation entre toi et Dieu, qui te mène enfin à la mort. Arrêt fatal qui nous glace d'effroi sans que rien puisse nous soustraire à cette sentence terrible : *tu es poudre et dans la poudre tu retourneras.* (Gen. III-19).

La mort ! la mort ! quel hideux fantôme ! quel ennemi terrible ! quel affreux spectacle ! quel changement elle opère ; tout vestige de jeunesse et de beauté disparaît quand elle frappe. Je ne veux pas essayer de décrire les ravages et les maux qu'elle traîne à sa suite ; c'est une scène navrante et trop triste à considérer. Je préfère vous conduire par la pensée auprès d'une jeune mourante pour laquelle *Christ a détruit la mort et mis en évidence la vie et l'immortalité.*

Par le récit qui va suivre vous comprendrez, je l'espère, que cet Evangile du Seigneur et Sauveur Jésus-Christ, qui est tant méconnu de nos jours, est encore la *grande puissance* par laquelle Dieu peut soutenir le pécheur repentant en face de la tombe. Que le Seigneur veuille, dans sa grande miséricorde, vous accorder la grâce de vivre pour Lui, afin de pouvoir mourir comme est morte la jeune fille dont je vais vous raconter très-succintement la vie.

I

.

Alexandrine Boisson naquit à Saint-Mamert (Gard)
le 5 décembre 1845. Dès sa plus tendre enfance elle
perdit son père. Sa mère, restée veuve avec deux
enfants, elle et sa sœur aînée, vivait dans une hon-
nête aisance. Le pasteur de l'endroit, qui habitait leur
maison, consolait souvent la pauvre veuve par ses
conseils pieux. Il exerça même, par sa piété simple et
austère, une certaine influence sur l'éducation des
deux jeunes filles.

De bonne heure, la jeune Alexandrine fut placée à l'école communale que je dirigeais alors. Rien de remarquable ne la distinguait des autres élèves, si ce n'est la vive intelligence qu'elle avait pour saisir l'enseignement qu'on lui donnait et une heureuse mémoire pour ne pas oublier. La gaîté de son caractère, simple et candide, savait lui gagner facilement l'affection de tous ceux qui avaient le bonheur de la connaître.

Après quelques années de séjour à Saint-Mamert je crus comprendre que le Seigneur m'appelait ailleurs pour faire son œuvre. Je partis donc, laissant cette chère élève et ses nombreuses compagnes avec regret (1). Au bout de trois années d'absence, par des circonstances inattendues, je revins au même lieu prendre la direction d'une école libre. Je retrouvai la jeune Alexandrine grandie, aidant, dans les soins du ménage, sa sœur déjà mariée.

L'âge de la première communion était arrivé et selon le fâcheux usage établi dans les Eglises réformées de France, après avoir reçu une instruction religieuse, elle fut admise à participer au sacrement de la Sainte-Cène, sans cependant que son cœur eût

(1) Indépendamment des garçons j'avais la surveillance de quarante jeunes filles dirigées par ma femme.

été accessible aux vérités éternelles qui procurent le salut (1).

Sa mère venait de mourir, le deuil qu'elle dut faire la retint encore loin du monde ; jusqu'ici les plaisirs avaient eu peu d'attrait pour elle ; les quelques années qu'elle avait vécu s'étaient passées dans les larmes.

Plusieurs fois, pendant son séjour à l'école, j'avais eu occasion de remarquer qu'elle aimait à chanter les cantiques chrétiens et à entendre les explications de la Bible, mais sans comprendre ni la misère morale de l'homme, ni la miséricorde de Dieu envers ses créatures. Elle ignorait que *Dieu a tant aimé le monde, qu'il a donné son fils unique, afin que quiconque croit en lui ne périsse point, mais qu'il ait la vie éternelle.* (Jean III, 16).

Dans sa retraite, pendant le deuil de sa mère, son cœur ne fut pas à l'abri des tentations de l'ennemi de son âme. L'âge des passions était arrivé, le monde lui apparaissait ravissant avec ses plaisirs et ses fêtes. Les rêves de bonheur que font si souvent les jeunes filles, trouvèrent une large place dans son esprit, elle

(1) L'auteur rejette le catéchuménat tel qu'il se pratique dans les Eglises de multitude. Il tient que l'enfant soit solidement instruit dans les vérités chrétiennes comme saint Paul le recommande. Ephés. VI, 4 ; 2 Tim III, 15 ; mais qu'il ne participe à la Sainte-Cène que lorsqu'il est converti de cœur au Seigneur.

ne pensait pas à ce que Dieu lui réservait au delà de la tombe.

Avec cet avenir, qui se présentait si riant et si beau, elle entra dans le monde, rechercha colifichets, danse, théâtre et tous les plaisirs du siècle. Tout cela sagement sans doute, en usant modérément même, mais adoptant la maxime commune : *Il faut que jeunesse se passe!* Hélas ! que de jeunesses passées de cette manière dans la folle sagesse du monde, oubliant Dieu et ses lois. Déplorable habitude de l'incrédulité et de la révolte contre le Tout-Puissant, provenant du péché, qui porte la jeunesse à n'écouter ni les conseils des parents, ni le conseil de Dieu, croyant tout savoir et tout comprendre, ne voulant obéir qu'à son caprice volage. Qu'on y songe sérieusement, tôt ou tard on recueille les tristes fruits de la folie !

La crainte de l'Eternel est le principal point de la science, mais les fous méprisent la sagesse et l'instruction. La souveraine sagesse crie hautement au dehors, elle fait retentir sa voix dans les rues. Elle crie dans les carrefours, où on fait le plus de bruit, aux entrées des portes; elle prononce ses paroles par la ville: Stupides, dit-elle, jusques à quand aimerez-vous la sottise ? Jusqu'à quand les moqueurs prendront-ils plaisir à la moquerie, et les fous auront-ils

en haine la science ? Étant repris par moi, conver-
tissez-vous. Voici, je vous communiquerai de mon
Esprit en abondance et je vous ferai comprendre
mes paroles. (Prov. i, 7, 20 à 24.)

Une chose qui excita surtout les goûts d'Alexandrine pour le monde, ce fut la lecture de ces fictions
mondaines qu'on répand à profusion et que des
voisins complaisants lui procuraient. La passion pour
ces sortes de lectures devint telle que, malgré les fati-
gues de la journée, elle passait une grande partie de
ses nuits à lire. C'était un poison qui lui desséchait
l'âme, passionnait son cœur et transportait son esprit
vers l'horizon des chimères.

N'allez pas croire qu'elle fût sans énergie lorsqu'il
s'agissait de vaquer aux soins du ménage ou à toute
autre occupation. Au contraire, elle y déployait une
grande activité qui lui permettait de faire beaucoup
d'ouvrage. Cette ardeur qu'elle avait pour le travail
fut précieuse à sa sœur lors de la longue maladie de
son mari qui se termina par la mort.

Les deux sœurs se virent orphelines et sans autres
protecteurs que leur grand-père plus qu'octogénaire
et deux oncles, frères de leur mère. Il fut question
alors, vaguement sans doute, de marier la jeune
Alexandrine. Soit que déjà elle eût un pressentiment
de sa fin prochaine ou qu'elle se trouvât trop jeune

pour embrasser les soucis du ménage , ce projet échoua. Depuis lors, elle avait eu quelquefois l'idée de se faire institutrice ou bien d'aller à Paris comme diaconesse (1) ; mais son cœur inconverti y mettait obstacle et d'ailleurs il n'y avait rien de sérieux dans ces vagues désirs.

Dieu avait d'autres desseins sur elle , il voulait la conduire par un autre chemin , c'est ce que nous allons voir par la suite des événements.

II

Vers la fin du mois d'août dernier, époque où les jeunes gens ont l'habitude de faire leur fête villageoise, Alexandrine ne se mit pas en retard pour

____

(1) Les diaconesses sont des servantes de Jésus-Christ qui se consacrent aux œuvres de miséricorde, et l'institution fondée à Paris en vue des Eglises évangéliques de France, a pour but d'offrir aux femmes protestantes les moyens de se préparer aux soins des malades, des indigents, des enfants pauvres et des orphelins.

préparer une belle toilette afin d'y prendre part. Il me souvient qu'en admirant une magnifique robe de soie, une belle montre en or et tous les atours qui faisaient son bonheur, je lui dis à l'oreille : Médite au chap. II, v. 9 ; I Timothée, et tu verras que tout cela est la *vanité des vanités*. (Ecclés. I, 2.)

La pauvre jeune fille ne me comprit pas ; elle partit, en riant, pour folâtrer avec ses jeunes compagnes.

Un jour de la fête, vers le soir, en se promenant avec l'une de ses voisines, elle fut prise d'un violent mal à la tête et aussitôt elle sentit une grande faiblesse dans tous ses membres, ce qui la força à rentrer chez elle pour se reposer. Ce fut sa dernière sortie dans le monde.

Tout d'abord la maladie qui venait de se déclarer n'avait rien d'alarmant. On pensait qu'avec un peu de repos et quelques remèdes, elle disparaîtrait vite. Vaine illusion ! on vit que ces moyens étaient impuissants à combattre le mal qui persistait toujours. Une violente toux s'était déclarée ; pour la calmer on eut recours aux meilleurs médecins des environs, qui furent aussi impuissants que les premiers remèdes déjà employés. Ils ne purent que constater une grave affection de poitrine qui ne pouvait qu'être funeste pour la malade.

Sept mois s'écoulèrent ainsi pour elle dans la souffrance ; ses forces diminuaient chaque jour ; sa sœur, ses parents, ses amis, nous suivions avec tristesse le dépérissement de son corps, elle seule conservait toujours l'espoir de guérir. Plus que jamais peut-être son cœur était éloigné de Dieu. Sa conversation avec les personnes qui la visitaient consistait à parler de ce qu'elle ferait après sa guérison. Son esprit était plein de pensées vaines et son âme était vide de Dieu. Que de malades, hélas ! dans cet état.

La dernière période de la maladie était arrivée, il importait de lui parler sérieusement de son état ; mais comment s'y prendre : elle semblait éprouver une vive répulsion pour les personnes qui avaient à cœur son salut. Ma femme, cependant, eut le courage, un jour, de lui parler du danger qui la menaçait. Les paroles qu'elle lui adressa et les prières spéciales de quelques chrétiens de Nimes furent bénies pour la malade.

Le lendemain, en allant comme de coutume lui faire ma visite, je la trouvai en proie à une violente agitation provenant moins de ses souffrances physiques, quoique profondément gravées sur ses traits pâles et amaigris que de ses souffrances morales qu'elle s'efforçait de comprimer. Cette jeune amie redoutait et recherchait tout à la fois une conversation sérieuse avec moi. Je compris que son cœur était angoissé.

Oh ! mon cher monsieur , me dit-elle , après avoir écouté les paroles que je lui adressai. — « Où ira mon âme après ma mort? » —Devant Dieu, lui répondis-je, pour comparaître en jugement, mais regarde à Jésus, il est tout-puissant pour te sauver, son sang nous purifie de tout péché; il ne met point dehors celui qui va à lui. « Jamais! dit-elle en portant ses yeux
» effarés du côté où j'étais , jamais je ne serai con-
» vertie au Seigneur, il est trop tard et maintenant
» comme un accusateur sévère, ma conscience s'élève
» devant moi; le fardeau de mes péchés m'écrase,
» le Seigneur est certainement courroucé contre sa
» vile créature qui ne la point servi , point aimé!
» Il a raison de ne pas avoir égard à mon repentir,
» à mes larmes et à mes gémissements; il n'est
» point de paix, point de pardon pour moi qui ai été
» méchante ! »

Avant de la quitter je lui fis la lecture des passages de la Parole de Dieu relatifs à l'invitation que le Sauveur adresse aux âmes travaillées et chargées, aux pécheurs vraiment repentants. Nous priâmes ensemble, et en lui serrant la main, au moment de me retirer, elle me fit promettre de multiplier mes visites.

Ce trouble qu'elle éprouva, lorsque l'esprit du Seigneur lui montra sa misère, fut salutaire à son âme ; elle reçut le précieux témoignage que tous ses péchés étaient pardonnés par le sang de Jésus, *vrai fils de Dieu* (1). Remède toujours efficace pour la guérison de ceux qui ont la sagesse d'aller à Lui, humiliés et repentants.

Quand je revins auprès de cette chère malade, quel changement ne trouvai-je pas ! Les ténèbres du péché avaient fait place à la glorieuse lumière de l'Evangile. « *Les choses vieilles étaient passées et toutes choses étaient faites nouvelles.* Je pus vérifier la vérité de cette parole du roi David. « *Il a rassasié l'âme qui était vide et rempli de biens l'âme affamée.* » Les amusements du monde qu'elle avait tant aimés lui apparaissaient bien vains et bien futiles auprès de la paix produite dans son âme par l'esprit du Seigneur.

Un dimanche, en entendant passer sous sa fenêtre des jeunes filles qui chantaient des chants légers et profanes, elle s'écria : « Pauvres jeunes amies que » votre sort est à plaindre ! Si vous saviez le bonheur » qu'il y a dans la prière, dans la méditation de la

(1) Les théologiens libéraux prétendent que Jésus n'a jamais dit qu'il fut fils de Dieu : qu'on médite, Mathieu XVI, 16-17. Assurément, si Pierre s'était trompé, Jésus l'aurait repris.

» Parole de Dieu , et surtout dans sa communion,
» vous rebrousseriez chemin par devers les témoi-
» gnages du Seigneur. » Ensuite elle se fit lire le can-
tique suivant :

Au monde, à ses faux biens, je renonce sans peine ;
Son bonheur est fragile et sa joie est trop vaine.
Je préfère Jésus et l'espoir des chrétiens
Aux plaisirs de la terre, au monde , à ses faux biens.

Un instant après elle se tourna vers sa sœur et lui
dit :

« Prends toutes mes robes ; laisse seulement la
» blanche pour ma sépulture et fais ce que tu vou-
» dras des autres, je n'en ai plus besoin ; le Seigneur
» Jésus m'a revêtue de la robe de justice et celle-là
» me suffit. Quant à ma sépulture, je ne veux aucune
» vanité, qu'on ne me mette ni rubans, ni dentelles,
» ni couronne. Le Sauveur m'en réserve une qui ne
» se fanera jamais ! » Puis se tournant vers sa cou-
sine, Marie *** : « Il faut que tu me promettes avec
» ma sœur, de chercher le Sauveur jusqu'à ce que vous
» soyez converties. Reconnaissez la brièveté de la vie ;
» voyez comme notre existence est fragile ; rappelez-
» vous que Jésus nous exhorte à la prière et à la vigi-
» lance : *Vous ne savez pas*, dit-il, *ni le jour ni*
» *l'heure à laquelle le Fils de l'homme viendra.*

» Oh ! mes chères amies pas d'illusion, reconnaissez
» que *vous êtes malheureuses, pauvres , misérables ,
» aveugles et nues.* On est tout cela lorsqu'on vit
» loin de Dieu ; il faut que Dieu , par sa grâce, ouvre
» les yeux de notre entendement pour voir les mer-
» veilles de son amour. Ne vous attachez pas au
» monde, voyez comme il passe avec sa convoitise
» attachez-vous à Dieu qui demeure éternellement.
« Quelle bonne chose que de pouvoir dire : Je suis
» la brebis du bon Berger ; je n'aurai point de disette.
» Quelle bonne chose que de sentir Jésus près de soi !
» que de l'avoir pour ami, et surtout pour Sauveur
» ici-bas ! Quelle bonne chose que de marcher à sa
» rencontre avec confiance !

Tel était le bonheur qu'éprouvait cette chère amie,
en parlant du ciel et des bienfaits de Dieu à son égard.
Elle aurait voulu chanter de *Canaan, quand verrons-
nous le céleste rivage,* etc. ; mais la voix lui manquait.
On la voyait souvent remuer ses lèvres, ce qui trahissait
l'entretien constant qu'elle avait avec son Sauveur.

Ainsi s'écoulèrent une dizaine de jours bénis pour
Alexandrine. Chaque fois qu'elle voyait sa sœur essuyer
les larmes qui s'échappaient de ses yeux, elle lui disait :
« Ne pleure pas, chère sœur, je ne serai pas perdue.
» Tu viendras, n'est-ce pas, où je vais ? tu fuiras le
» monde et tu serviras le Seigneur. »

Enfin, le dernier jour arriva, c'était le Vendredi-Saint ; dans la nuit précédente elle avait fait un songe dans lequel elle avait vu le ciel ouvert, resplendissant de clarté, et au milieu duquel était Jésus qui lui avait dit : « Tu viendras bientôt. »

Vers midi, elle crut mourir à trois heures, heure à laquelle le Sauveur expira sur la croix. Ce fut seulement vers les cinq heures que son agonie commença ; après nous avoir donné rendez-vous au ciel, elle joignit les mains, pria, et en priant, son âme prit son essor vers les régions célestes pour être recueillie dans le sein de son Dieu.

Ainsi mourut, à l'âge de dix-neuf ans, cette jeune fille dont je viens de vous raconter l'histoire ; pleurée de sa famille, de ses amis et des habitants de son village. Je ne m'arrêterai pas à dire combien fut touchante la douleur publique au moment de ses obsèques.

Arrivé au terme de mon récit, un autre désir m'anime ; c'est celui de tirer une salutaire leçon de cette mort.

En commençant ces quelques pages je disais que la pensée de la mort est pour nous le *roi des épouvantements*, que naturellement nous craignons de mourir. Permettez-moi de vous dire, mon cher lecteur, que nous ne craignons pas encore assez la mort. Ah ! si les

hommes avaient une sainte frayeur de ce dernier ennemi, pensez-vous que cette effroyable multitude de
pécheurs resterait tranquille au milieu du monde ?
Non, elle se tournerait vers le Seigneur afin d'avoir
part à son pardon. Apprenons à être plus sages, de-
mandons au Seigneur, par nos prières, les grâces dont
nos cœurs ont besoin; alors le Seigneur nous ap-
prendra à connaître notre néant et nous pourrons dire
avec le psalmiste : *Eternel ! donne-moi à connaître
ma fin, et qu'elle est la mesure de mes jours; fais
que je sache de combien petite durée je suis, et que
je n'oublie pas que le temps de ma vie est devant toi
comme un rien.* Convaincus ainsi de vanité, de péché,
de justice et de jugement, nous nous tournerons vers
le Sauveur et nous lui dirons : Seigneur, bénis-moi;
pardonne-moi, sauve-moi ! Par son Esprit il nous
fera comprendre qu'il veut nous sauver gratuitement,
sans richesses, sans science, mais non sans régéné-
ration. C'est Jésus qui l'a dit : Il faut naître de nouveau, c'est-à-dire il faut avoir un nouveau cœur, une
nouvelle volonté !

Pensez-y, chères âmes, qui n'êtes pas converties
au Seigneur et pendant qu'il en est temps encore ap-
prochez-vous de Dieu et il s'approchera de vous. C'est
au nom de vos plus chers intérêts que je vous adresse
cet appel. Puisse, je ne dis pas ma voix, mais la voix

de Jésus, dont je sais bien n'être que le faible écho,
parler à votre cœur et le tourner vers lui, afin qu'a-
près ce court pèlerinage vous puissiez mourir comme
Alexandrine Boisson, et comme elle dire : « *Christ
est ma vie et la mort m'est une gain !*

———————◦———————

Nîmes, imp. Roger et Laporte, place St Paul 5. — 7-65.

www.ingramcontent.com/pod-product-compliance
Lightning Source LLC
Chambersburg PA
CBHW051412060726
47596CB00005B/2192